008

009

010

011

012

013

014

015

016

017

018

3

019

020

021

022

023

024

025

026

027

028

029

030

031

032

033

034

035

036

037

038

039

7

040

041

042

043

044

045

046

047

048

049

050

051

052

053

054

055

10   056

057

058

059

060

061

11

062

063

064

065

066

067

068

069

12

070

071

072

073

074

075

076

077

078

079

14

080

081

082

083

084

15

085

086

087

088

089

090

091

092

093

094

095

096

097

098

099

100

101

102

103

104

105

106

107

108

109

110

111

112

113

114

115

116

117

118

119

120

121

122

123

124

125

126

127

128

129

130

131

132

133

134

135

136

137

138

139

140

141

142

143

144

25

145

146

147

148

149

150

151

152

153

154

155

156

157

158

159

160

161

162

163

164

165

166

167

168

169

171

172

173

174

175

176

177

178

179

180

181

182

183

184

185

186

187

188

189

32